AF311727

Double de ..F. 994.
A.

F. 4480.
C.

LE
REFORMATEUR
REFORMÉ,
*LETTRE à M***.*

A AMSTERDAM,

Chez ARKSTÉE & MERKUS.

MDCCLVI.

LE

REFORMATEUR

REFORMÉ,

*LETTRE à M ***.*

VOUS voulez donc, Monsieur, sçavoir absolument ce que c'est que le Réformateur dont vous avez entendu parler, sans pouvoir vous en instruire à fond ; je consens volontiers à l'exécution de votre dessein : me soumettre à vos volontés, me conformer à vos désirs, ce

fut toujours satisfaire mon inclination & mon goût.

Les plus ameres critiques
ne font jamais les meilleures,
elles irritent toujours, corri-
gent rarement; fi je ne crai-
gnois qu'on m'accufât de répandre trop de fiel dans la
mienne, je vous ferois en trois
mots l'éloge hiftorique de cet
Ouvrage : la Finance, irritée,
emploie fon crédit pour le
faire condamner aux feux
vengeurs; l'Eglife, léfée dans
fes membres & dans fes privileges, médite de le prof-
crire par fes cenfures, ce ne
feroit encore rien, c'en feroit même affez pour en aug-

menter aux yeux du Public
le prix & le mérite ; mais le
pire de tout , c'eſt que j'ai vu
des gens de bon goût & fort
au fait lui refuſer leur ſuf-
frage.

Pour moi, plus circonſpect
lorſqu'il s'agit d'aſſeoir un jugement ſurtout auſſi déſavan-
tageux , je laiſſe décider les
plus hardis, & je me contente
d'oppoſer avec modeſtie au
projet de notre Réformateur
quelques remarques auxquel-
les l'Auteur , quoique fort
éclairé ſans doute, n'a pas
fait ſuffiſamment attention.

Cependant il ne pourroit
trouver étrange quand on en
A iij

uſeroit avec moins de ména-
gement , ce ne ſeroit que lui
rendre la pareille , car il ſçait
combien ſes invectives ſont
accablantes & multipliées ,
combien ſes accuſations ſont
outrées , ſes reproches ſan-
glans.

Le projet du Réformateur
n'eſt pas de médiocre éten-
due ; il s'agit de remédier à
tous les abus, & pour y réuſ-
ſir , il faut chaſſer la Finance
& impoſer un Vingtiéme ſur
tous les biens , abolir vingt-
quatre Fêtes pour augmenter
le profit des particuliers & la
richeſſe du Royaume , dé-
truire tous les Couvens & ex-

tirper pour jamais en France la race Monachale ; avec leurs biens, augmenter le nombre & les revenus des couvens de Chanoineſſes pour des Demoiſelles nobles, élever des Communautés de Sœurs de la Charité pour celles qui ne le ſont pas, fonder des Hôpitaux dans un grand nombre de Paroiſſes du Royaume ; ſuivre la mode des autres Nations pour le commerce ; enfin il faut réformer la Juſtice même en ſupprimant tous les Tribunaux ſubalternes, c'eſt-à-dire, ſelon lui, tous ceux dont on peut appeller.

A iv

Vous voyez , Monſieur , que ce n'eſt pas là une affaire de légere importance , une réforme auſſi générale devient intéreſſante pour le corps du Royaume

Tout le monde n'enviſage pas les choſes de la même maniere ; ce qui paroît abuſif à celui-ci, quelquefois avec plus de raiſon paroît à un autre utile & raiſonnable, je n'oſe juger du Réformateur ; mais tout ce qu'il veut corriger ne paroît pas repréhenſible à mes yeux.

C'eſt la ſageſſe qui inſpire de réformer les abus , mais la prudente politique dirige dans le choix du tems, des moyens, des circonſtances : elle apprend (a) *qu'il ne faut pas tout corriger ;* qu'une réforme trop ſévere & trop générale peut cauſer de plus grands maux que ceux qu'on vouloit réparer, & la ſageſſe ne la contredit pas.

Pour vous prouver donc que le projet du Réformateur n'eſt pas celui d'un bon politique, il ne faut, ſelon moi, que l'enviſager. Quoi! tout-à-coup changer le gouvernement du Royaume & l'adminiſtration des biens, détruire

____

(a) Eſprit des Loix, l. 19. c. 6.

les Fêtes , renverser tous les Monasteres , supprimer la plus grande partie des Tribunaux, &c. Encore une fois , le projet n'est pas bien concerté , si l'exécution en est dangereuse.

Quand une Loi peut causer dans l'Etat un changement considérable & nuisible , quoique cette Loi soit bonne en elle - même & avantageuse pour l'avenir , néanmoins il est de la sagesse & de la prudence du Monarque de ne pas prescrire un réglement dont la nouveauté pourroit occasionner de fâcheuses révolutions. Lorsque Louis XIV eut

formé le deſſein de révoquer
l'Edit de Nantes , il ne con-
ſomma pas ſon projet auſſi-tôt
après l'avoir conçu , il dimi-
nua peu à peu les droits & les
avantages des Proteſtans , fit
ſouvent gronder ſon tonnere
ſur leurs têtes , & ne leur por-
ta le coup fatal qu'après les
y avoir préparé pendant pluſieurs années. Ainſi ſe com-
porte un ſage & prudent Monarque ; pour notre Réformateur , il voudroit en un inſtant
changer la face d'un Royaume ; croit-il donc que la poſ-
ſibilité d'un projet eſt un ga-
rant de ſa ſageſſe & de ſon
exécution ?

A vj

Au reste il est faux que du sien il doive revenir à l'Etat un si grand avantage. Après avoir tout innové, plus de Capitation, plus de Tailles, Traitans chassés, Vingtiéme imposé, Privileges de l'Eglise abolis, &c. quel est le résultat, le croiriez-vous, Monsieur? c'est qu'il ne fait pas le Roi plus riche qu'il l'est aujourd'hui.

Selon son sistême, le Roi jouiroit de trois cent vingt-sept millions huit cent douze mille cinq cent livres, ce n'est pas, vous pensez-bien, de plus que ce dont il jouit maintenant, mais cette somme formeroit toutes les richeſſes du Monarque. Or ſans avoir pénétré dans les ſecrets du Tréſor Royal, ſans avoir calculé ſcrupuleuſement les revenus de Sa Majeſté, on peut dire que le Roi poſſede un revenu au moins auſſi conſidérable que celui du Réformateur, & je ne ſuis qu'un écho de la voix publique en diſant qu'il jouit à peu-près d'un million par jour, ce qui fait environ trois cent ſoixante millions.

Qu'eſt-il donc néceſſaire d'agiter toute la France, d'en troubler les habitans, d'étonner ſes voiſins, de faire naître des ſoupçons à l'Etranger,

sans que le Prince en devien-
ne plus riche ?

Mais il faut de l'équité, le
Réformateur suppose que les
trois cent vingt-sept millions,
huit cent douze mille cinq
cent liv. entreront dans les cof-
fres du Roi, déduction faite
de tous les frais de régie, au
lieu que sur les trois cent soixante millions que nous don-
nons au Roi, il faut diminuer
le payement de tous ceux qui
sont chargés de la perception
de ses deniers : & comme trente millions qui sont l'excédent
de trois cent vingt-sept millions à trois cent soixante ou
environ, ne suffisent pas pour

tous les payemens, il faut con-
clure avec le Réformateur que
le Roi feroit plus riche fui-
vant fon projet, que fi les cho-
fes demeuroient comme elles
font.

A cela je dis premierement,
eft-il aifé de prouver que les
trente millions que nous fup-
pofons être la différence des
deux fommes, ne fuffifent pas
pour fubvenir aux frais de perception ? Secondement, fup-
pofé que dans l'état actuel de
l'adminiftration, cette fomme
ne fuffife pas, eft-il démontré
qu'elle ne pourroit fuffire en
faifant quelques réformes ?
Troifiémement, quand même

il feroit prouvé que les frais de perception excédent né-ceffairement la fomme de trente millions, & que par conféquent, le Roi trouve-roit un avantage dans le fyf-tême du Réformateur, cet avantage feroit-il affez con-fidérable pour déterminer le Prince à caufer un tel chan-gement dans fon Royaume ? L'auteur auroit donc dû op-pofer le revenu actuel du Roi à celui dont il jouiroit dans fon fyftême, pour rendre pal-pable & fenfible le bénéfice que le Prince en retireroit, autrement il ne montre qu'un cahos, un bouleverfement, ſans dire ni que le Roi ſeroit plus riche, ni de combien ſon revenu ſeroit augmenté ; c'é- toit-là cependant le point dé- ciſif, la raiſon déterminante, mais l'auteur aſſure que tout ira mieux dans ſon ſyſtême ; faut-il le croire ſur ſa parole ?

Quand même il auroit évi- demment démontré, que dans ſon ſyſtême le Roi augmente- roit ſes revenus de beaucoup, ce ne ſeroit pas un motif pour faire adopter ſon projet ; s'il eſt un moyen par lequel le Roi puiſſe également groſſir ſes revenus ſans rien innover, il eſt juſte de le préférer à tout autre, la voie la plus ſimple

eſt toujours la meilleure ; or
il eſt clair que ſi le Roi veut
augmenter ſes revenus, il
le peut facilement ; l'Auteur
lui-même en fournit la preu-
ve. Les Fermiers, dit-il ga-
gnent dix, quinze, vingt,
cent pour cent, il cite un exemple de la Ferme des huiles ad-
jugée à neuf cent mille liv.
dont les Entrepreneurs ont re-
tiré trois millions quatre cent
mille livres : Delà il décide
que puiſque les Fermiers s'enrichiſſent outre meſure, il faut
les détruire & en éteindre juſqu'au nom, & moi je con-
clus que, ſi le Roi veut faire
paſſer cet argent dans ſes cof-

fres, il peut augmenter le prix de la Ferme, & ne laisser aux Fermiers que six ou huit pour cent au lieu des trente, quarante & cent qu'ils retirent; en portant la Ferme à un taux sur lequel il ne sera pas possible de tirer des intérêts si excessifs, alors tout le bénéfice que les Traitans en retirent aujourd'hui, retourneroit au profit du Roi.

Fort bien, direz-vous, mais par ce moyen, bientôt personne ne voudra plus traiter avec le Roi; quoi toujours avancer son argent, s'exposer au danger presqu'inévitable de perdre, que feroit naître

un rehauſſement conſidérable
des Fermes, ne pas être flaté
par le doux eſpoir du gain; à
de pareilles conditions, où
trouver des Traitans?

Il eſt facile d'obvier à cet
inconvénient, ſi d'un côté on
diminue l'eſpérance du gain,
il eſt juſte d'un autre, d'éloi-
gner les frayeurs de la perte;
c'eſt ce qu'on feroit, ſi après
avoir rehauſſé les Fermes, on
aſſuroit aux Traitans un intérêt capable de les tranquilliſer
ſur ce point. Otez donc aux
Traitans la crainte de perdre
par l'aſſurance d'un intérêt
honnête, augmentez la Ferme
de façon à les mettre dans

l'impoſſibilité d'un lucre ex-
ceſſif, laiſſez leur cependant
la perſpective d'un gain poſ-
ſible, & vous avez le remede
aux abus de la finance ; car,
Monſieur, il ne doit pas être
queſtion de détruire les gens
d'affaire. « Ce genre d'Offi-
» ciers eſt un mal néceſſaire
» dont on ne ſçauroit ſe paſ-
» ſer, (a) mais il faut les ré-
» duire à des termes ſup-
» portables », c'eſt-là le point
eſſentiel.

Sans chaſſer les Financiers
pour impoſer un vingiéme général, ſuivant le projet du

____

(a) Teſt. pol. c. 4. Sect. 5.

Réformateur, on peut encore empêcher d'une autre maniere les gains exceffifs des Traitans. Que les Fermes du Roi ne foient point adjugées à un prix fixe, que les Fermiers les faffent valoir, qu'on leur faffe rendre des comptes, qu'on leur accorde un intérêt lequel augmenteroit ou diminueroit à proportion de l'augmentation ou de la diminution du produit de la Ferme. Par ce moyen, il feroit poffible que les Traitans s'enrichiffent auffi confidérablement qu'ils font aujourd'hui, parce que l'intérêt que le Roi leur accorderoit feroit réduit

à de juftes bornes, ils ne pour-
roient travailler à faire valoir
la Ferme fans augmenter le
produit de ce qui reviendroit
au Roi.

Mais, reprend notre anti Par-
tifan, il eft des raifons puif-
fantes pour changer la forme
de l'adminiftration & exter-
miner à jamais tous les gens
d'affaire. Un Prince ne con-
fidere pas toujours fon avantage particulier, pere & roi
tout enfemble, il doit veiller
au bien de fes Sujets, anéantir
ces Maltotiers impitoyables,
tigres affamés, qui peu con-
tens du profit légitime qu'ils
pouroient retirer des traités,

ſaignent encore les Peuples par leurs exactions , augmentent les droits, les impôs pour doubler leurs revenus, inventent tous les jours de nouveaux ſyſtêmes, pour arracher à la veuve & à l'indigent le pain qui les nourit ; ſangſues inſatiables , ils s'engraiſſent du ſang de leurs freres, ils s'enrichiſſent à force de rapines, diminuent les richeſſes d'un Etat en s'efforçant de les abſorber toutes , & ſapent inſenſiblement les fondemens du corps de la Monarchie, en ſe rendant maîtres & poſſeſſeurs injuſtes du ciment précieux par lequel il ſe ſoutient.

Soit

Soit , qu'il faille concevoir des Gens de Finance des idées si odieuses , faut-il pour cela les détruire , la bonne logique n'exige pas cette conféquence ; ils volent, ils pillent, Barriere infurmontable oppofez-vous à leurs rapines , mais j'ai peine à comprendre avec le Réformateur que , pour remédier aux abus d'une Loi , d'une forme d'adminiftration, il fut néceffaire d'abolir la Loi, de renverfer cette forme. Si donc il eft des moyens pour corriger les abus fans le renverfement de la forme établie , il faut les choifir , c'eft la voie la plus fimple ; or qui

B

doute qu'on ne puisse s'opposer aux abus de la Finance ?
Ces gains excessifs, ces for-
tunes surprenantes seroient
plus rares, si on augmentoit
le prix des Fermes. Secondement, si on ne leur accordoit
qu'un intérêt capable d'ac-
croissement ou de diminution,
suivant le produit de la Ferme. Troisiémement, « (a) si
» on les réduit au moindre
» nombre qu'il sera possible, »
moins ils seront d'intéressés,
moins d'affamés à rassasier,
moins de familles à enrichir.
Quatriémement, si dans un

____

(a) Test. pol. c. 4. Sect. 5.

court eſpace de temps, ils s'a-
grandiſſent de façon à faire
ſoupçonner leur fidélité, le
Prince ſeroit autoriſé à s'em-
parer de leurs biens, & à leur
faire reſtituer des richeſſes in-
juſtement acquiſes (*a*).

Dailleurs il eſt faux que
tous les Gens de Finance mé-
ritent les titres odieux, & des-
honorans dont les charge le
Réformateur ; ſi par la teneur
des baux, ils retirent un profit
conſidérable, il peut n'être
pas injuſte ; « s'ils ſont riches
» & puiſſans par leur patri-
» moine, (*b*) cette voie n'eſt

(*a*) Teſt. pol. c. 4. Sect. 5.
(b) Ibidem.

B ij

» pas criminelle ; s'ils le font
» par les gratifications duPrin-
» ce , leur en fera-t-on un cri-
» me ? » par les recompenfes
accordées à leurs fervices, ce
moyen eft irréprochable;avec
tout le Public j'ai d'un M * * *
& de plufieurs autres, l'idée
que fait concevoir la probité
connue ; un fordide intérêt,
un gain illégitime ne peut fe
concilier avec la grandeur de
fentiment & l'équité qui les
caractérifent. Si parmi eux il
s'en trouve, (comme on ne
peut en douter) qui par leurs
exactions , leurs injuftices ,
leurs ufures, s'attirent à jufte
titre l'indignation publique ,

le Ministre peut s'inſtruire, auſſi-bien au moins que le clair-voyant Réformateur, du déſordre que cauſent ces avides mercénaires, & ne peut-on y rémedier qu'en ſuivant ſon projet de réforme ?

Aboliſſez vingt-quatre Fêtes, dit notre Réformateur ; à ce diſcours, ne vous ſemble-t-il pas, Monſieur, que nous allons bientôt changer de Religion ? ſi d'abord on propoſe hardiment d'abolir vingt-quatre Fêtes, je craindrois fort, qu'une autre fois on ne ſe croye autoriſé à demander l'abolition de toutes les autres, & en effet ce doit être natu-

rellement son but, il demande qu'on en supprime vingt-
quatre afin, dit-il, de mettre
le pauvre plus à l'aise en lui
permettant de travailler, afin
de rendre le Royaume plus
floriffant par la culture des
arts & des terres, mais il eft
clair que les particuliers reti-
reront un plus grand bénéfice,
& que le Royaume deviendra
plus floriffant fi toutes les Fêtes font abolies : un peu plus
d'amour de la Patrie dans le
cœur, il n'auroit pas héfité à
faire ce pas en avant, & à
demander en une fois ce qu'il
fe propofe fans doute de demander en deux.

Au reſte , Monſieur , je doute fort qu'il obtienne plutôt l'abolition de vingt-quatre que de toutes les autres , cette demande eſt au moins téméraire. On n'ignore pas que la Religion diminue beaucoup aujourd'hui , non-ſeulement les doctes ſe font une eſpece de point d'honneur de ne rien croire de ce qu'elle enſeigne , de ne rien pratiquer de ce qu'elle ordonne , mais la corruption habile à ſe répandre , ſe gliſſe de l'eſprit de ceux-ci dans le cœur des Peuples ignorans ; il n'eſt pas néceſſaire de dire combien il eſt important d'empêcher que cet esprit d'irréligion ne s'accroisse, la bonne politique doit s'y opposer autant que la Réligion même ; il est donc de la mauvaise politique de proposer un projet qui ne tend qu'à la détruire, & tel est celui du Reformateur : non, ce n'est point dans les champs, ni dans les fatigues d'un pénible travail que germe la piété dans le cœur des ouvriers & des gens de la campagne, c'est dans les Eglises où ils se rassemblent qu'ils s'élevent un peu au-dessus d'eux-mêmes, qu'ils s'instruisent, qu'ils pensent à Dieu, & qu'ils forment des résolutions de bonne conduite ; hors des Temples ces hommes grossiers & matériels sont entierement occupés ou d'affaires temporelles ou de leur plaisir , & oublient bientôt & leur devoir & Dieu , les mettre dans le cas de renouveller moins souvent le peu de piété qui leur reste , c'est la déraciner tout-à-fait.

Touché par la misere de ces pauvres gens , qui obligés de vivre du travail de leurs mains se trouvent réduits à l'indigence lorsqu'il se rencontre dans une semaine quatre ou cinq Fêtes, s'il eut exposé qu'une suite de jours où le travail est défendu les met dans l'impoſſibilité de ſubvenir à leurs plus preſſans beſoins, moins encore à ceux d'une nombreuſe famille, un motif auſſi raiſonnable eût été de nature à être écouté ; c'eſt-là ſans doute la raiſon qui a engagé le Pape regnant à en ſupprimer pluſieurs : car, « quand » la Religion ordonne la ceſ-» ſation du travail, elle doit » avoir égard aux beſoins des » hommes & à la grandeur » de l'Etre qu'elle honore (a) ; mais comme il auroit fallu ſe contenter de la ſuppreſſion de cinq ou ſix Fêtes dans l'année,

____

(a) Eſp. des Loix, l. 24. c. 23.

cela ne fuffifoit pas à notre Reformateur , c'eût été re- treffir fes idées.

Il a fes raifons cependant, jugez de leur force ; ce nom- bre confidérable de Fêtes , dit-il , ne fert qu'à occafion- ner la dépenfe & le défordre, les cabarets font remplis , ils diffipent leur argent , ils pouf- fent le divertiffement jufqu'à la débauche, & par leurs ex- cès fe mettent hors d'état de pouvoir travailler le lende- main ; tout cela eft au mieux : mais penfez-vous qu'il foit abfolument néceffaire de fup- primer vingt-quatre Fêtes pour empêcher les excès dont il gé-

mit , ne peut-on y mettre ordre par quelque autre moyen?
oui fans doute , & notre Reformateur n'en difconviendra
pas, il indique lui-même qu'on
peut impofer une amende en-
vers les Taverniers qui fouf-
frent ces défordres , & en-
joindre aux Jufticiers d'y veiller avec foin ; par-là fans y
penfer il rend fa demande inu-
tile : c'étoit apparemment
pour y remédier plus effica-
cement , pouvoit-il mieux s'y
prendre pour empêcher les
défordres qui arrivent les jours
de Fêtes qu'en leur ôtant le
nom de Fêtes ? Il falloit quelque chofe de plus, ce me fem-

ble , la suppreſſion de vingt-
quatre Fêtes ne ſuffit pas , il
eût dû demander celle de tous
les Dimanches , car les cabarets ne ſont pas moins viſités
pendant ces jours , & ils le
feront encore davantage , la
dépenſe y ſera plus grande ſi
les vingt - quatre Fêtes ſont
ſupprimées.

Enfin je ſuis ſurpris que notre deſtructeur de Fêtes ne ſe
ſoit pas apperçu qu'en cher-
chant le bénéfice des uns il
s'oppoſoit à l'intérêt des autres, obliger ceux-ci à dépen-
ſer moins & à gagner davantage, c'eſt empêcher ceux-là
de débiter leur vin & leur denrées : c'eſt de plus être con-

traire aux intérêts de Sa Majesté , car plus il se débite de denrées , plus le profit du Roi est augmenté.

Quant aux Moines , après les avoir dépeints sous les plus noires couleurs , il conclut d'un ton d'oracle , éteignez-en la race : » Il est de la pru-» dence d'arrêter le trop grand » nombre de Monasteres nou-» veaux qui s'établissent... il » faudroit être prévenu d'un » zèle trop indiscret pour ne » pas connoître que l'excès en » est incommode , & qu'il » pourroit venir à un tel point » qu'il seroit ruineux (a). »

____

(a) Testam. pol. c. 2, sect. 8.

Ce feroit être animé d'un ef-
prit de parti de ne pas avouer
qu'il feroit avantageux de diminuer le nombre des Cou-
vens & des Moines. Mais telle
eft la façon de raifonner du
Reformateur, on pourroit fupprimer quelques Monafteres,
donc il faut les fupprimer tous:
vous l'avez déja vû tirer des
conféquences auffi judicieu-
fes , il n'eft pas néceffaire de
vous en faire fentir le défaut.

Il fuffit de réfléchir un peu
pour comprendre combien il
feroit dangereux de fupprimer tous les Monafteres ; quel
coup pour la Religion ! quel
fcandale pour les fidéles !

quelle joie pour les Héréti-
ques ! autant il feroit avantageux d'en diminuer le nombre , autant il feroit impru-
dent & dangereux de les fupprimer tous : « Il (*a*) faut
» être ou méchant ou aveu-
» gle pour ne voir & n'avouer
» pas que les Religions font
» non-feulement utiles , mais
» même néceffaires. »

De quelle utilité font les
Moines, pourfuit leur Adver-
faire la foudre à la main ? à
l'ombre du Cloître ils coulent
des jours oififs dans la mo-
leffe , les plaifirs & fouvent

____

(*a*) Teft. pol. c. 2. fect. 8.

dans le crime , il n'eſt pas de
foi , ni de commandement di-
vin , ni néceſſaire à ſalut de
ſe faire Moine ; le Roi dans
ſes Etats eſt le chef & le ſou-
verain légiſlateur après Dieu,
il eſt obligé de veiller à l'avantage & à la proſpérité de ſon
Empire ; rendez donc à la
Société tous ces membres inutiles , ils la feront fleurir par
leurs travaux , leur induſtrie,
fourniront des ſujets à l'Etat,
*& augmenteront la Nation dont
ils anéantiſſent la quarantiéme
partie ſans pouvoir la réparer.*

Tel eſt aujourd'hui l'unique but qu'on ſe propoſe ,
l'avantage temporel de l'Etat,

ſi le flambeau de la Religion éclairoit un peu plus le Zélateur dans ſa réforme, il auroit pû découvrir de quelle utilité ſont les Religieux dans un pays Catholique, on ſçait & on affecte trop d'ignorer que ces perſonnes conſacrées à Dieu ſervent l'Etat, l'Egliſe & la Religion par leur priéres, leurs exemples, & par la bonne odeur des vertus chrétiennes qu'ils répandent parmi les Peuples : pour le ſoutien de la Religion, pour l'édification des fidéles, il faut laiſſer des exemples vivans de vertu, de ſainteté, de pénitence, de charité, de renoncement à soi-même ; la perfection de leur état répare le défaut de la conduite de quelques particuliers ; enfin c'est au moins un ornement nécessaire dans un Royaume où la plus sainte & la plus parfaite de toutes les Religions est en vigueur. De plus il est faux que les Moines considérés comme membres de la Société soient tout-à-fait inutiles ; ne les voit-on pas dans les villes & dans les campagnes travailler avec zéle à la vigne du Seigneur & se livrer aux fatigues des Missions ? Ministere que la politique devroit estimer autant que la

Religion, principalement pour
l'extirpation de l'héréfie : ils
prêchent , ils confeffent , ils
enfeignent , n'eft-ce pas fervir la patrie & la fociété felon leur état ? Que de Con-
grégations ont été des pépi-
nieres de grands hommes ,
que d'excellens ouvrages font
fortis de la plume des Religieux Bénédictins , combien
de Sçavans n'a pas fourni la
Société des Jéfuites ; non , ce
ne font pas là des membres
inutiles.

Il faut l'avouer cependant,
les Religieux ne font plus ce
qu'ils ont été , grand nombre
par leur mauvaife conduite :

font d'un pernicieux exemple, ils détruifent dans le champ du Seigneur au lieu d'édifier; diminuez donc le nombre des Moines & fur-tout des Couvens, veillez à l'obfervation des Régles, ne les laiffez jamais oififs, que la priére & le travail les occupent fucceffivement; enjoignez aux Evêques & aux généraux d'ordres d'y tenir févérement la main, & vous aurez des Moines ce que vous devez en attendre.

On fçait que le Roi dans fes Etats eft le Souverain Légiflateur, qu'il n'a qu'à vouloir & commander pour être obéi, s'il vouloit ufer de tout

son pouvoir, il feroit changer tous les jours de face à
son Royaume ; mais s'il est
certain qu'un Monarque peut
tout ce qu'il veut, la prudence & la Religion lui permet-
tent-elles toujours de faire tout
ce qu'il peut? Accordons donc
au Reformateur tous les prin-
cipes qu'il a posés, il ne s'agit
que d'en faire la juste appli-
cation, que le Prince est tout-
puissant, qu'il doit chercher
le bien de l'Etat, que les choses qui ne sont pas de foi ni
d'institution divine, ni néces-
saires à salut sont susceptibles
d'innovation, nous serons encore bien éloignés de la con-

féquence qu'il en tire, auroit-on bonne grace à raifonner ainſi ; le Roi eſt tout-puiſſant, il feroit avantageux pour l'Etat que les Prêtres fuſſent mariés, il n'eſt pas de foi, ni d'inſtitution divine qu'ils ne puiſſent contraĉter cet engagement pour le bien général ; le Roi doit donc, au mépris des Loix de l'Eglife, obliger les Prêtres à fe marier : le célibat n'eſt pas d'inſtitution divine ni néceſſaire pour fe fauver, il feroit avantageux pour la population que tout le monde fe mariât, le Roi doit-il donc défendre à tous fes Sujets de garder la continence, doit-il les forcer à embraſſer malgré eux cet état ? nos Philoſophes célibataires crieroient bientôt à la tyrannie ! Si le Roi pour des raiſons que dicte l'humanité ne peut les obliger à ſe marier , pour des motifs que la Religion inſpire , peut-il m'empêcher de me faire Moine , doit-il gêner ma vocation , s'oppoſer aux deſſeins de Dieu , contraindre mon inclination & mon goût ?

Je n'inſiſte pas davantage ſur ce point , & j'en conclus , que pour juger ſainement des choſes il faut les combiner ſous différens rapports & ne pas s'arrêter à un point de vue unique

unique ; la suppreſſion des
Couvens de Religieux & Religieuſes procureroit un avantage à l'Etat, mais quel trou-
ble, quelle diviſion ne fau-
droit-il pas appréhender ? on
ſçait combien la gent Monachale eſt portée aux brigues
& aux cabales, inſtruite du
projet de ſa deſtruction, jugez quels reſſorts ils feroient
jouer au dehors & au de-
dans du Royaume, plus ac-
crédités, plus puiſſants que
les Calviniſtes, plus ſtilés aux
intrigues ſecrettes, ſeroient-
ils moins à craindre ? on ne
néglige rien quand il s'agit
de conſerver ſon être : dans

l'intérieur du Royaume, que de difputes, de procès inter-minables ; toutes loix renver-fées, peut-être les Provinces liguées, les peuples animés : au dehors je vois les Princes, les Puiffances Séculiéres & Eccléfiaftiques employer leur crédit pour foutenir les Moi-nes contre leur deftructeur, le Pape les protéger & les dé-fendre avec chaleur, qui fçait s'il ne s'y oppoferoit pas avec force, qui fçait fi comme lors de la deftruction des Tem-pliers il ne voudroit pas fe porter feul juge, qui fçait s'il voudroit fe prêter au chan-gement & à l'emploi de leurs biens ; en suivant les régles établies par notre Droit Canonique , il faudroit agir de concert avec lui , s'il s'obstinoit à refuser , point d'autre moyen que de fronder son autorité ; si une femme fut autrefois le sujet de la rupture entre l'Eglise & l'Angleterre , je serois moins surpris que la suppression de cinq cent mille Moines causât le même malheur à la France.

Il ne faut pas craindre après tout que ce système s'accrédite en France ; chacun considére l'utilité des Monasteres selon ses intérêts , l'Eglise & la Religion ont les leurs , des prieres , des inſtructions , des bons exemples, des écrits pour ſa défenſe ; les particuliers & ſur-tout la Nobleſſe s'oppoſe-ront pour des motifs plus hu-mains à la deſtruction totale des Couvens : vous ſçavez combien de perſonnes trou-vent dans le Cloître un aſyle, c'eſt une reſſource pour celles qui, peu favoriſées de la natu-re & de la fortune , trouvent dans la retraite dont on leur inſpire le goût une conſola-tion qui leur ſeroit refuſée dans le monde , réduites par les diſgraces de la fortune dans l'impoſſibilité de vivre ſuivant leur rang & leur état , elles n'euſſent eu qu'à y ſouffrir, la Religion les couvre de ſes aîles, un voile répare leur défaut, les ſouſtrait à la honte de l'indigence ; un frere, une ſœur s'enrichiſſent de leurs dépouilles. Auſſi a-t-on vû il y a quelques années la plus puiſſante Nobleſſe s'oppoſer à la publication d'une Ordonnance, qui ſelon elle, tenoit trop long-temps la porte des Couvens fermée : ils tiendront tête au Reformateur, ils auront ſoin de ſe réſerver quelques Monaſteres.

A l'égard du Clergé, ſans autre forme de procès, il eſt ſoumis au Vingtiéme comme le reste des Sujets du Royaume : le Prince est tout-puissant, il en reviendra, dit-on, un avantage à l'Etat, il n'y a plus à balancer : mais les droits les plus sacrés, les plus anciens, les privileges les mieux fondés, les plus inviolablement établis, les promesses les plus formelles , les plus autentiques & plus d'une fois scellées d'un serment ; ces raisons ne pourront donc dispenser le Clergé du Vingtiéme ? point du tout, il faut qu'il paye, qu'il fournisse comme les autres, offriroit-il des subsides aussi forts & même plus que ce qu'un vingtiéme de leurs biens pourroit produire , on ne les écoutera point : pour l'uniformité , il faut tout confondre , voilà la Reforme.

Vous serez surpris , Monsieur , des prodigieux revenus que donne au Clergé notre Reformateur : il ne les fait monter qu'à quatre cent neuf millions six cent mille livres , déduction faite de cent deux millions pour leurs besoins : il ne faut pas craindre de lui dire que son calcul est fort éloigné de la vérité ; pour s'en convaincre il suffit de consulter un Auteur non suspect , on verra « que ceux qui » ont examiné cette matiere

» ave: des yeux auffi févéres
» qu'attentifs, n'ont pû porter
» les revenus de toute l'Eglife
» Gallicane féculiere & régu-
» liere au-delà de quatre-vingt
» millions (a) ». Comment une
erreur auffi palpable pouvoit-
elle tomber fous la plume d'un
homme qui veut tout réformer ? Peu content d'une accufation auffi outrée, (je dis
accufation, car on n'enfle ainfi
les richeffes de l'Eglife que
pour lui en faire un crime,)
voici le parallele qu'il inftitue :
» on doit remarquer que le

____

(a) Siécle de Louis XIV. tom. 3.
c. 31.

» revenu du Clergé qui n'a ni
» troupes , ni places fortes à
» entretenir , déduction faite
» de cent deux millions pour
» ses besoins , monte claire-
» ment & net à la somme de
» quatre cent neuf millions six
» cent mille livres ; & que le
» Roi pour toutes les dépenses
» de l'Etat n'en a qu'environ
» trois cent millions , ainsi le
» Clergé est plus riche que le
» Souverain de cent neuf mil-
» lions six cent mille livres. »
Il est aisé de s'appercevoir que
cette comparaison n'est établie que dans le malicieux
dessein de rendre le Clergé
odieux , & peut-être de per

suader que le Prince seroit autorisé à lui enlever une partie de ses biens ; puisque la supposition est fausse , il ne faut pas en craindre les conséquences.

Mais n'importe, suivons le Reformateur même lorsqu'il s'égare. Comparez aux revenus du Roi les trésors d'un millier de ces Richards du Royaume , le total de leurs revenus excédera celui du Roi: peut-on leur en faire un crime , y a-t-il un fondement de reproche , seroit-ce un prétexte de les soupçonner & de les dépouiller de leurs biens ? Si ses efforts ne tendoient qu'à perſuader » qu'il eſt juſte de » mettre des bornes (*a*) aux » richeſſes du Clergé. » On pourroit lui prêter une oreille attentive , mais cette affectation à groſſir outre meſure les biens de l'Egliſe , ces accuſations trop uſées de mauvais emploi des biens , ces reproches multipliés de richeſſes immenſes , exorbitantes, font aſſez comprendre qu'on voudroit porter la réforme plus loin : nous ne touchons pas à ce temps , le Clergé n'aura pas ſitôt quatre cent neuf millions ſix cent mille livres , ſes

____

(*a*) Eſp. des Loix, l. 25. c. 5.

revenus repartis ſur chaque tête ne donnent encore qu'environ cent écus à chacun. C'eſt ſur-tout dans l'emploi de l'argent des Couvens ſupprimés que brille notre Argus en fait d'abus.

» 1°. Il veut qu'on conſer-
» ve en domaines ou en reve-
» nus fixes des Manſes Abba-
» tiales , pour donner aux ca-
» dets des Maiſons illuſtres ,
» qui ſe vouent à l'état Ecclé-
» ſiaſtique , les moyens de
» ſubſiſter ſelon leur rang ,
» juſqu'à ce qu'ils paſſent à un
» Evêché. »

D'abord il eſt ſurprenant qu'un homme qui voudroit

rétablir les temps de la primitive Eglise n'adjuge l'Episcopat, c'est-à-dire les fonctions les plus difficiles qu'aux seuls cadets des Maisons illustres , si les Apôtres qu'il appelle pour être témoins & pour gémir sur les titres fastueux de *Monseigneur* & de *votre Grandeur* dont on honore les Prélats, si, dis-je, les Apôtres entendoient notre Reformateur, ne verseroient-ils pas les larmes les plus ameres en voyant que ceux qui veulent introduire la réforme dans l'Eglise, s'éloignent si fort du véritable esprit qui doit l'animer. De-là je vois une inconséquence ;

on permet à ces nobles cadets
de se revêtir d'une Abbaye
en attendant qu'ils passent à
un Evêché , & ailleurs on re-
garde comme un adultere de
quitter un bénéfice pour en
prendre un autre : enfin il n'est
pas raisonnable de supprimer
une partie des Abbayes & de
ne les accorder qu'à ceux qui
sont distingués par une illus-
tre naissance ; on sçait que les
personnes de ce rang sont fai-
tes pour parvenir aux plus
hautes dignités , qu'elles leurs
sont duës de préférence à tous
les autres ; mais on sçait aussi
que fondés sur leur crédit ,
leur protection , c'est pour

l'ordinaire fans peine & fans fueur qu'ils y arrivent, & que les plus pénibles travaux font rarement de leur reffort ; fi donc ceux qui par le privilege de la naiffance ne font pas deftinés aux premieres faveurs ne peuvent plus efperer comme récompenfe ce qu'ils ne pouvoient attendre comme un droit, fi leurs travaux deviennent infructueux, fi toute lueur d'efpérance eft éteinte, (ce qui arriveroit par la fuppreffion des Prieurés fimples, d'une partie des Abbayes, & par l'exclufion aux autres,) il eft bien à craindre que l'émulation ne fe rallentiffe, qu'ils ne perdent ce qui leur reſte de goût pour le travail , & qu'ils ne faſſent plus par l'amour du devoir , ce que la vuë d'une récompenſe honorable & légitime leur auroit fait entreprendre ; l'état Eccléſiaſtique doit-il être plus ſcrupuleux ſur la Nobleſſe , plus indifférent pour le mérite que l'état Militaire ? Si vous ne leur accordez pas la réalité , par politique au moins ne leur enlevez pas l'eſpoir , il faut montrer l'appas de la récompenſe même à ceux qui ne devroient pas y être ſenſibles , vous excitez par l'intérêt ceux qui ſe vantent de ne gémir sous le casque que pour l'honneur & la patrie ; offrez aussi des biens temporels à ceux qui ne devroient travailler que pour le Ciel & pour Dieu.

Secondement, on veut abolir tous les bénéfices à simple tonsure, ou assujettir les Titulaires à les déservir personnellement. Là-dessus j'observe deux choses ; la premiere, qu'on ne peut assujettir les Titulaires de ces Bénéfices à exercer par eux-mêmes les fonctions Curiales, la plûpart n'ayant, comme on le suppose, que la simple tonsure ; la seconde, qu'une grande partie de ces Prieurs ont perdu

leurs droits & leur jurifdic-
tion ; ils font encore Curés
primitifs, ils ont confervé le
droit de nommer à la Cure ;
mais s'ils vouloient la défervir
par eux-mêmes, le Curé feroit
autorifé à s'y oppofer ; faudra-
t-il donc chaffer ce Pafteur
qui jouit paifiblement & légitimement de fa Cure pour y
placer M. le Prieur, qui, felon
l'Auteur même, eft un igno-
rant, incapable de gouverner
& d'inftruire ?

Troifiémement, on compte,
dit-il, en France, cinq cens
mille perfonnes renfermées
dans les Couvents, environ autant d'Eccléfiaftiques. Ils font

donc bien augmentés depuis cinquante - six ans , car « on » comptoit en 1700 , quatre- » vingt - dix mille perſonnes » Religieuſes, & environ cent » ſoixante mille Eccléſiaſti. » ques (a).»De plus il eſt certain que ce nombre diminue tous les jours; mais n'importe, ſuppoſons qu'on ne ſe ſoit pas trompé, les Moines étant ſupprimés, par le projet,il reſte encore environ cinq cens mille Eccléſiaſtiques; mais ſuivant la maniere dont l'Auteur diſpoſe les choſes, il eſt impoſſible de placer ces cinq cens mille Eccléſiaſtiques. Selon ſon calcul, il y a

______

(a) Siécle de Louis XIV , tom. 3. c. 31.

cent quarante-un Archevêchés
& Evêchés, cent quarante mille
Cures, (rabatez-en beaucoup,
il s'en faut que chaque Evê-
que ait mille Cures dans son
Diocese,) conséquemment
cent quarante mille Vicaires,
tout au plus vingt mille Ecclé-
fiaſtiques dans les Cathédrales
& Collégiales, tout le reſte
des Bénéfices eſt éteint, à l'ex-
ception de quelques Manſes
abbatiales pour les futurs Evêques ; ainſi à ce compte il n'y
aura que trois cens mille deux
cens quarante - un Bénéfices
en France, en ſuppoſant qu'il
ne réſerve que cent Abbayes ;
voilà donc de quoi faire vivre

un peu plus de la moitié des Ecclésiastiques ; que deviendront les autres ? Le même inconvénient subsiste aujourd'hui, répondra-t-on, il y a beaucoup plus d'Ecclésiastiques que de Bénéfices, je l'avoue, quel est donc l'avantage de son projet, falloit-il, en apportant la réforme, proposer un arrangement où regneroit le même embarras ?

Quatriémement, il faut augmenter le nombre & le revenu des Abbayes fondées en faveur des Dames de la haute Noblesse, les administrer à l'instar des Chanoinesses, & n'y recevoir que des filles de Gen-

tilshommes ; pour celles qui
ne feront point nobles, & qui
voudront fe confacrer à Dieu
plus particulierement, elles
pourront entrer dans des Communautés d'Hofpitalieres ou
de Sœurs de la Charité. N'ad-
mirez-vous pas l'ordre de cette
réforme, Monfieur, & ne vous
paroît-il pas bien dûr de ne
donner d'autre choix à tant de
filles de familles très-honora-
bles, que d'être Hofpitalieres
ou Sœurs de la Charité, mais
on leur permettra de fe mettre
en penfion chez les Chanoi-
neffes ; & fi elles n'ont pas
de quoi s'y foûtenir, fi elles
veulent renoncer entierement

au monde, & fuivre leur vocation par la retraite ? Il n'y a point à choifir, il faut fe faire Sœur Grife, il faut fe réfoudre à fervir les pauvres & les malades, tout le monde cependant n'a pas d'inclination pour ce vertueux & pénible exercice, n'importe, il n'y a pas d'autre parti à prendre ; on devoit bien fe fouvenir que le caractere de ce fexe eft ennemi de la contrainte ; ne vouloir que des Sœurs Grifes, c'eft n'en vouloir aucune.

Cinquiémement, on réduira tous les Curés à cent piftoles, (encore leur défend-t-on de jouir du cafuel,) l'affaire feroit bonne pour les pauvres Curés à portion congrue, mais elle me paroît outrée pour ceux des Bourgs, petites Villes, gros Villages, c'eſt les mettre hors d'état de ſoulager les pauvres de leurs Paroiſſes, de ne leur laiſſer qu'un revenu ſuffiſant à peine pour eux ; ſi c'étoit le but de l'Auteur de ne leur accorder que le néceſ-ſaire, prétend-t-il auſſi pou-voir les diſpenſer de faire l'au-mône, ne voit-il pas qu'il les met dans l'impoſſibilité de s'attirer par leurs largeſſes le reſpect, la confiance & la ten-dreſſe de leurs Paroiſſiens ? Si les Hôpitaux qu'il établit par-tout rout exemptoient le Curé de ce devoir, on ne lui feroit pas ce reproche ; mais les Hôpitaux retirent ceux qui font malades, & ne fourniffent pas de quoi foulager ceux qui en fanté font dans l'indigence ; ils ne réparent pas le malheur d'une récolte infructueufe, ne nourriffent pas une nombreufe famille, ni ceux qui manquent de travail.

Sur l'exercice de la Juftice, notre Réformateur a des idées auffi juftes que fur le refte, il crie beaucoup fur les délais qui croiffent & multiplient les affaires, & mettent les Juges dans l'impoffibilité de

D

satisfaire les particuliers ; il n'a pas tort en cela, il répand sa bile contre les Procureurs & autres Officiers qui, à force de détours, de chicanes, grosissent les frais inutilement pour les Plaideurs qui les payent ; injustement pour ceux qui les reçoivent ; il a raison, mais il veut de plus qu'on abolisse les Tribunaux subalternes, dont un seul fait lui découvre tous les abus. Une Paysanne, pour la somme de quinze livres qui lui étoient légitimement dues, plaida de Tribunal en Tribunal, perdit au dernier les quinze livres qu'on lui devoit, cinq cens livres de frais, & se noya de défefpoir. C'en eft affez pour décider qu'il faut fupprimer tous les Tribunaux inférieurs ; cela pofé, on ne plaidera plus qu'à un Tribunal, duquel on ne pourra point appeller. Comment, fi tous ces différens dégrés de juftice font détruits, le particulier pourra-t-il fe tranfporter pour venir défendre fon droit ; n'en doutez pas, Monfieur, cette pauvre Payfanne, pour ne pas dépenfer en plaidoiries plus que la fomme de quinze livres qu'elle réclamoit, l'auroit plutôt abandonnée ; que d'injuftices cette deftruction de Tribunaux n'occafionneroit - elle pas? Un esprit moins bouillant, plus juste ou plus attentif que celui du Réformateur, auroit pu se contenter de demander pour la commodité & la tranquillité des particuliers, que les mêmes Tribunaux subalternes puissent juger en dernier ressort des affaires dont le fond n'est pas considérable; par ce moyen, l'abus contre lequel il se déchaine seroit réparé.

Il faut enfin finir, Monsieur, je ne puis m'arrêter à tout, vous voyez par les systêmes de ce Novateur sur le Gouvernement que son imagination, l'a plus souvent emporté que son jugement ne l'a conduit ; impétueux, excessif, il me paroît homme à faire arracher le plus bel arbre de son verger, parce qu'il y apperçoit une feuille morte ; à renverser sa Maison, parce que la cheminée fume ; entraîné par un goût de nouveauté qui regne dans ce siécle, il ne s'est pas contenté de vouloir remédier aux abus, il a voulu les réformer d'une nouvelle maniere ; grand partisan des modes, peut-être par esprit de changement, c'est à son avis un moyen d'augmenter & de soutenir le Commerce ; qu'il approuve les modes dans les habits, dans les parures, mais, en vérité, c'eſt pouſſer les choſes un peu trop loin, de vouloir les introduire juſques dans la forme du gouverne-ment

J'ai l'honneur d'être, &c.